VIE

DE SAINT SAVIN

ANACHORÈTE DU LAVEDAN.

VIE

DE

SAINT SAVIN

ANACHORÈTE DU LAVEDAN

Par J. ABBADIE

CURÉ DE LA PAROISSE DE St-SAVIN.

(Avec autorisation de Mgr Laurence, évêque de Tarbes.)

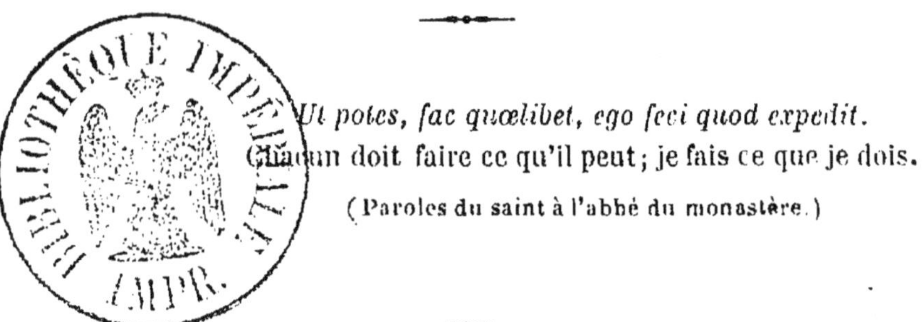

Ut potes, fac quœlibet, ego feci quod expedit.
Chacun doit faire ce qu'il peut; je fais ce que je dois.
(Paroles du saint à l'abbé du monastère.)

SE VEND AU PROFIT DES PAUVRES DE LA PAROISSE.

TARBES

TYP. ET LITH. DE TH. TELMON, IMPRIMEUR DE LA PRÉFECTURE,
Place du Maubourguet.

1857

PRÉFACE

Le seul désir d'édifier nos bons et chers paroissiens par la lecture des vertus héroïques d'un grand ermite qui s'est sanctifié en ces lieux mêmes et qui y a terminé sa carrière, nous détermine à publier ce petit travail sur la vie si belle d'abnégation de saint Savin, de cet illustre solitaire, le bienfaiteur de la vallée du Lavedan.

Notre vallée peut à bon droit se glorifier autant qu'aucune autre, d'avoir été le séjour d'un grand nombre de saints qui l'ont illustrée par l'éclat peu commun de leurs sublimes vertus. Pourquoi ne pas rappeler quelqu'une de ces belles vies, pour encourager et exciter les fidèles à conserver dans ce pays le sentiment de foi chrétienne que nous ont légué nos ancêtres ?

Pour ne pas nous écarter de la vérité dans ce récit, nous avons interrogé la tradition du pays et médité deux grands tableaux à dix-huit compartiments, peints sur bois et très anciens, représentant les principaux traits de la vie de saint Savin. Nous renvoyons à la fin de la notice l'explication pour la marche à suivre dans l'examen chronologique de ces deux tableaux, qui se trouvent dans l'église de saint Savin.

Nous avons comparé la légende du bréviaire auscitain, qui a été conservée à peu près tout entière dans le propre de Tarbes annexé au bréviaire romain, avec l'office du saint, qui avait été composé par les religieux du monastère; M. de Lagrèze a eu l'heureuse idée de le faire imprimer de nouveau à la fin de sa belle et intéressante

Monographie de saint Savin de Lavedan, ouvrage qui nous a été aussi fort utile.

Nous avons encore consulté les différentes histoires de la Bigorre, ainsi que le *Glanage*, histoire inédite, très précieuse, que la ville de Tarbes possède dans sa bibliothèque (1).

Nous espérons que l'indulgente bonté de nos lecteurs, ayant égard à notre intention, dàignera favorablement accueillir ce faible témoignage de notre admiration pour les vertus héroïques d'un si grand saint, et de nos vœux les plus ardents pour le progrès de la foi et de la vertu dans tous les cœurs.

Qu'il nous soit permis d'insérer ici, comme une recommandation bien puissante pour notre faible travail, une lettre très précieuse avec une note intéressante sur le monastère de *Ligugé*, que nous devons à l'obligeance du bienveillant évêque actuel de Poitiers, Mgr Pie :

Poitiers, le 31 août 1857.

« Monsieur le curé,

« Je suis heureux d'apprendre ce que vous faites pour répandre le culte et raviver la mémoire de saint Savin. J'ai lu avec intérêt la notice pieuse que vous m'avez adressée, et dont la publication édifiera les fidèles. . . . .

. . . .

« *Locoteiacum* ou *locogiacum* signifie le manastère de Ligugé, c'est-à-dire le lieu célèbre où saint Martin, après trois années passées dans la maison épiscopale de saint Hilaire, fut conduit par cet illustre docteur pour y fonder le premier monastère des

(1) Par M. Larcher.

Gaules..... Ce monastère, fondé par saint Martin et où saint Savin passa les trois premières années de sa vie monastique, est redevenu, en ces derniers temps, une abbaye de Bénédictins canoniquement fondée par l'évêque de Poitiers et par le Saint-Siège.

« Croyez, monsieur le curé, à mon bien sincère dévoûment, et priez quelquefois le saint patron du Lavedan pour votre très humble serviteur en J.-C.

« † L. E., évêque de Poitiers. »

VIE

DE

SAINT SAVIN

I

Naissance, éducation et heureuses dispositions du jeune Savin.

On trouve aujourd'hui, peut-être plus qu'en d'autres temps, un grand nombre de chrétiens qui, se laissant trop effrayer par la rigueur apparente des maximes de l'Evangile, vivent de manière à faire croire qu'il peut être permis de composer, en quelque sorte, avec Dieu et le monde. Ils se forment une fausse idée de la vertu, et mesurent sur leur faiblesse seulement l'étendue des devoirs du christianisme ; alors ils recourent à tous ces accommodements qui pourraient bien amener leur perte éternelle.

Le saint dont nous allons retracer la vie leur offre à tous un parfait modèle de perfection, soit dans le monde et à la Cour, soit dans l'état religieux.

Savin naquit en Espagne dans le VIIme ou le VIIIme siècle, d'un comte de Barcelonne, qui était, dit-on, frère de

Hentilius, comte de Poitiers et parent des rois de France, s'il faut en croire certains historiens. Ayant perdu son père de bonne heure, le jeune Savin devint la consolation et le seul espoir de sa mère affligée, qui, à son tour, entoura son enfance de ses plus doux soins, de sa plus tendre sollicitude. Elle voulut s'occuper activement elle-même de l'éducation de son fils, afin de le rendre chaque jour plus digne des hautes destinées qui l'attendaient (1).

Ce fut donc à la vigilance, au dévouement de sa pieuse mère, qui le formait à la fois pour Dieu et pour le monde, qu'il dut l'avantage de passer sa jeunesse dans la plus parfaite innocence. Les vertus que l'on remarqua en lui, dès son enfance, firent comprendre à quel degré de perfection il parviendrait dans la suite.

Heureux les enfants qui peuvent ainsi, dès leurs premiers jours, recevoir une éducation chrétienne ! Le sage l'appelle un don excellent, qui *manque souvent*, dit un auteur, à *ceux qui ne manquent de rien.*

Heureux aussi les parents qui, à l'imitation de la pieuse mère de Savin, ne se contentent pas d'avoir donné la vie temporelle à leurs enfants, mais s'efforcent encore de les engendrer en Jésus-Christ. C'est en effet le premier devoir des époux chrétiens que d'élever leur famille dans la crainte de Dieu, et de la former chaque jour, surtout par leur exemple, à la pratique exacte de ses commandements. Si l'on voit tant de jeunes gens se porter si facilement au mal, et courir à grands pas vers l'abîme du vice, n'est-ce pas aux pères et mères, trop peu attentifs à l'endroit de l'édu-

____

(1) Natus in Hispaniâ, in urbe Barchinoniâ, relictus à patre parvulus, totus in illo erat matris affectus, quæ eum tenerrimè diligebat. (Off. S. Savini.)

cation de leurs enfants, dont ils sont du reste comptables à Dieu et à la société, qu'il faut en attribuer la principale cause ?

L'éducation et l'instruction corrigent presque toujours un enfant, lorsqu'on s'applique à bien connaître, à bien prendre ses inclinations et son caractère. « Hélas ! combien « voit-on de vies chrétiennes, s'écriait le grand Fléchier, « comme étouffées dans leur naissance ! A peine a-t-on « consacré et voué des enfants à Dieu par le baptème, « qu'on les lui ravit par la mauvaise éducation qu'on leur « donne. On les accoutume à être flattés et caressés dans « leurs imperfections, et à leur rendre la pratique du mal « agréable par des approbations indignes. On jette dans « leur esprit et dans leur cœur des sentiments d'ambition « et de vengeance qui n'éclatent que trop dans la suite. »

Ce fut à des instructions bien différentes que le jeune Savin dut le bonheur de croître à la fois en âge et en sagesse. Adolescent encore, il se montrait déjà digne de la puissance et des honneurs qui paraissaient lui être destinés. Il répondait, par sa piété et par le développement de son intelligence, à la sage et pieuse éducation que sa tendre mère lui faisait donner sous ses yeux. Aussi, le premier usage qu'il fit des richesses et des grandeurs fut de soulager les pauvres et de s'adonner aux bonnes œuvres

II

Saint Savin quitte sa mère et sa patrie pour aller visiter le comte de Poitiers, son oncle. — Il est chargé de l'éducation de son cousin.

Savin, sur qui la Providence avait des vues particulières, sentit tout-à-coup naître dans son cœur le projet d'aller visiter son oncle Hentilius, comte de Poitiers. Sa mère, qui connaissait la haute renommée du comte, un des plus grands seigneurs de France, comprit facilement qu'un voyage dans ce pays pourrait être très profitable à l'héritier de la puissance comtale de Barcelonne, en le mettant à même d'étudier les mœurs de cette grande nation et de s'initier, sous un parent si distingué, à tous les secrets d'une administration qu'il devait plus tard exercer lui-même.

La seule pensée de se voir séparée pour longtemps de l'unique objet de sa tendre sollicitude dut être bien sensible à son cœur maternel ; mais elle sut mettre l'intérêt de son fils au-dessus des sentiments de la nature et consentit à ce voyage, qui devait, hélas ! lui coûter tant de larmes !

Savin partit, le cœur brisé du regret de laisser sa mère dans la désolation ; mais comme il obéissait à la grâce bien plus qu'à son propre goût, il se félicita, dans la suite, d'avoir eu le courage de rompre si résolûment l'unique lien qui eût pu le retenir dans le monde. Il se sépara donc de sa mère en lui adressant un adieu, qu'il présumait bien devoir être le dernier. Comme son intention n'était pas d'aller faire ce voyage pour s'instruire des usages du monde, ni pour satisfaire sa curiosité, il évita avec soin l'air contagieux des grandes villes qui devaient naturellement se trouver sur son passage ; il rechercha de préférence les solitudes où les disciples de saint Benoît avaient fondé leurs monastères, afin d'apprendre d'eux la véritable science qui fait les saints. Il traversa le comté de Foix et passa par la petite ville du Mas-d'Azil, ainsi que nous l'apprennent les vieilles légendes. Et, pour conserver quelque chose de la naïveté du récit qu'elles nous transmettent, nous en empruntons les propres paroles : *Il arriva enfin à Poitiers, chez son oncle.*

Il s'empressa d'aller *faire la révérence au comte, et il fut reçu comme un ange, caressé comme un parent et traité comme un jeune prince.*

Hentilius sut bientôt apprécier le mérite et l'intelligence précoce de son neveu ; et, sans tenir compte de l'âge, il voulut lui donner une marque non équivoque de la plus haute confiance, en le chargeant de l'éducation de son fils, héritier futur de sa puissance. Ce bienheureux enfant ne pouvait, en effet, trouver un meilleur maître pour former en même temps son esprit à la science, son cœur à la bravoure chevaleresque de l'époque, et son âme à la plus solide piété.

Un emploi d'une si haute distinction pour un jeune homme ne changea rien aux premiers sentiments de Savin. Ennemi de la mollesse et supérieur aux atteintes de la vanité, il partageait son temps entre la prière, les devoirs de son état et le soin des pauvres. Il vivait avec simplicité ; ses jeûnes étaient rigoureux ; sa table frugale. Comblé des bienfaits du comte, il aurait pu se donner le plaisir du luxe et des brillants équipages ; mais il réduisit toutes ses dépenses afin d'augmenter son superflu, qu'il employait entièrement en œuvres de charité (1).

« La vertu, dans un homme ignorant, dit un auteur,
« paraît une marque d'imbécillité aux yeux de l'impie ;
« mais quand la vertu et la science sont réunies dans le
« même homme, cela impose aux plus scélérats. » Aussi,
le jeune Savin, qui possédait l'une et l'autre, n'eut pas de peine à s'attirer l'estime et la sympathie des officiers qui étaient au service de son oncle (2).

(1) Optimus institutor... à comite habitus quæstibus opulentus, præter simplicem vestitum, vel unius equi vehiculum, quidquid superveniebat liberali gratià pauperibus erogabat. (Off. S. Savini.)

(2) Scientià et moribus adornatus. (id).

C'est dans ce poste honorable qu'il consacra tout son temps et tout son zèle à éclairer l'esprit de son cousin, en lui enseignant la plus pure doctrine. Il sut pénétrer ce jeune cœur des sentiments d'une piété sincère, qu'il lui inspirait par ses discours et plus encore par ses exemples.

III

Il détermine son cousin à quitter le monde. — Il va lui-même le rejoindre dans un monastère de l'ordre de St-Benoît.

Le fils de Hentilius, docile à la voix d'un si bon maître, fit de rapides progrès, surtout dans la pratique de la vertu, que son cousin savait si bien lui faire aimer. Savin, avec cette douce parole qui persuade et qui entraîne, lui peignait quelquefois les charmes mystérieux de la retraite et les joies pures de la contemplation ; d'autres fois, il lui représentait les dangers si fréquents que l'on rencontre dans le monde, où d'ailleurs il n'y a point de situation qui n'ait ses peines et ses amertumes, où le bonheur n'est jamais exempt de soucis et de chagrins.

Oui, tout est danger pour la vertu dans le monde, disait Savin : danger dans la naissance, qui usurpe des priviléges et des dispenses contraires à l'esprit du christianisme ; danger dans l'élévation, où l'on est exposé aux basses flatteries et aux fausses louanges ; danger dans les affaires, dans les emplois, où il faut souvent opter entre la conscience et la fortune ; danger dans l'amitié même, où l'on ne trouve, parfois, qu'ingratitude, perfidie, trahison ; danger dans les exemples, où le vice perd son horreur par le nombre de ceux qui le préconisent ; danger dans les richesses, qui amènent le faste, le luxe, le jeu, les plaisirs corrupteurs ; danger dans la pauvreté, quand elle n'est pas chrétiennement supportée.

Tous ces dangers s'offrent à la fois à l'imagination de Savin. — Quittons, dit-il à son cousin, quittons le monde retirons-nous, fuyons, sortons de Babylone, sauvons notre faible vertu de l'air contagieux qu'on y respire. Comment pourrions-nous observer constamment la loi de Dieu au milieu d'un monde où tout engage à la violer ; où le vice environne et presse de toutes parts ? Le plaisir s'y présente partout, approuvé par l'exemple, applaudi par les maximes, consacré par les coutumes et par les bienséances même. Heureuses les âmes pleines de générosité qui font à Dieu le sacrifice de toutes les jouissances mondaines !

Dans nos cœurs est renfermé le dangereux foyer, le feu caché de la luxure ; le moindre souffle suffit pour l'allumer. Qui nous garantira des périls d'un monde où le crime est presque nécessaire ? L'état religieux, le cloître. Derrière ce rempart, que nous placerons entre les hommes et nous, nous n'aurons plus à craindre la contagion des scandales et des maximes d'un monde corrompu. — Pendant que Savin parlait ainsi, son cousin l'écoutait comme on écoute un oracle ; et ces paroles firent une telle impression dans le cœur du jeune disciple qu'il se détacha, sans délai, de toutes les choses du monde, pour aller se réfugier dans cette aimable et salutaire obscurité de la solitude. Que M. de Lagrèze nous permette de lui emprunter textuellement ce récit :

« Voilà qu'un jour, se laissant aller à la voix impérieuse
« d'une vocation irrésistible, disant adieu à de brillantes
« destinées et aux douceurs de la famille, rompant avec

« le passé et renonçant à l'avenir, le jeune élève de Savin
« disparut comme un fugitif de la maison paternelle. Hon-
« neurs, richesses, amis, parents, il avait tout quitté pour
« aller chercher dans un cloître la pauvreté, l'humilité
« profonde ! C'est dans un monastère dédié à saint Martin,
« près de Poitiers, qu'il se retira pour suivre la règle de
« saint Benoît. »

Qui pourrait donner une idée du cruel chagrin de la
comtesse, privée tout-à-coup d'un fils, objet de toute sa
tendresse et de son orgueil maternel ! Cette mère désolée
va sur l'instant trouver Savin. Elle se jette à ses pieds ;
elle le supplie, avec une déchirante douleur, de lui faire
retrouver au plus tôt ce fils bien-aimé, qu'on avait confié
à ses soins pour le rendre digne des hautes destinées aux-
quelles l'appelait sa naissance, et non pour l'arracher ainsi
à sa famille. Il fallait donc que Savin partît sans délai, et
qu'il allât engager son cousin à sortir du monastère pour
rentrer dans la maison paternelle (1).

Savin aurait pu répondre à la comtesse : Et moi aussi, j'ai
quitté une mère tendrement aimée, j'ai déjà renoncé dans
mon cœur à tous mes droits et à toutes les brillantes espérances du siècle ; et moi aussi, je vais bientôt abandonner
entièrement le monde. Pensez-vous que je puisse conseiller
à un autre de ne pas faire le même sacrifice, quand notre
divin maître l'appelle, quand il a dit formellement : *Celui
qui aime son père ou sa mère plus que moi n'est pas digne
de moi.* Mais il ne répondit rien. Il partit pour le monastère ; il fit appeler son cousin ; et, bien loin d'entrer dans les
vues de la comtesse, il encouragea le jeune religieux à per-

______

(1) Tunc mater familias sanctum Savinum precatur, ut filium suum
de *Locoteiacum* sancti Martini monasterio revocaret, concito articulo.
(Off. S. Savini.)

sévérer dans sa première résolution. Bien plus, aux conseils il ajouta l'exemple ; ce même jour, on vit dans ce monastère les deux cousins, fils de deux comtes, revêtus du saint habit de bure de l'ordre de saint Benoît, à qui le Seigneur avait dit : *Venez, suivez-moi.*

Et pendant trois ans, dans les austérités du cloître, ces deux jeunes amis qui auraient pu, environnés des honneurs du monde, donner des ordres à leurs vassaux, se vouèrent, par amour pour Jésus-Christ, à l'obéissance, au silence et à la pauvreté.

IV

Son goût pour la vie érémitique le porte à se diriger vers les Pyrénées. — Il se fixe sur le plateau de Pouey-Aspé. — Sa vie pénitente et mortifiée. — Sa perfection.

Mais ce n'était pas assez pour Savin, à qui l'esprit de Dieu inspirait le désir d'embrasser les saintes rigueurs de la vie solitaire. Il confia cette idée à l'abbé du monastère, qui n'osa d'abord ni blâmer, ni approuver une pareille inspiration, de peur de contrarier les desseins de Dieu, et peut-être aussi pour garder quelque temps encore un religieux qui édifiait toute la communauté par sa grande exactitude à observer les moindres règles, et qui donnait l'exemple de toutes les vertus. Cependant, la persévérance de Savin triompha de tous les délais et de tous les obstacles. Un jour enfin, il obtint la permission de partir avec un seul compagnon de voyage. Il dirigea ses pas vers nos montagnes de Bigorre, s'abandonnant à la conduite de la divine Providence, qui fixa le terme de son pèlerinage dans notre belle vallée du Lavedan, au pied des Pyrénées.

En passant par Tarbes, il n'oublia point d'aller s'incliner avec respect devant l'évêque qui occupait alors le siége de saint Justin et de saint Fauste. Il lui exposa son dessein et lui demanda son agrément et sa bénédiction.

A trente-six kilomètres de cette ville, sur les flancs de la montagne qui donne sur la vallée du Lavedan, se trouvait un monastère de l'ordre de saint Benoît, qui avait été fondé sur les ruines d'un ancien château ou fort, d'une date bien reculée, peut-être de l'ère gallo-romaine, comme semble l'indiquer le nom de *Palatium-Æmilianum*, qui lui est resté jusqu'à la mort de saint Savin.

Plusieurs auteurs prétendent que Charlemagne a été le fondateur de ce monastère. Il serait peut-être plus sûr de dire que ce prince n'en fut que le restaurateur ; mais laissons à d'autres plus compétents le soin de décider cette question.

Après avoir reçu la bénédiction et les instructions de l'évêque du diocèse, ce fut vers cette solitude que notre pèlerin dirigea sa marche. Il se présenta au monastère, où il fut cordialement accueilli par Forminius, qui en était l'abbé. Mais, sachant bien déjà que la vie monastique n'était pas assez sévère pour lui, vu les desseins de perfection que le Seigneur lui inspirait, Savin résolut de s'enfoncer plus avant dans les montagnes pour y embrasser la vie austère de l'ermite. Pour plus de sûreté, il ouvrit son cœur à Forminius, en lui faisant part du projet qui l'avait amené dans ces lieux. L'abbé, reconnaissant dans son hôte l'empreinte d'une vocation divine, s'empressa de le seconder dans sa résolution, et, ne pouvant pas garder auprès de lui un si précieux trésor, il voulut au moins le retenir en un lieu assez voisin ; il le conduisit à trois ou quatre kilomètres du monastère.

Ils fixèrent leur choix sur le plateau appelé Pouey-Aspé. C'est de ce plateau qu'on peut plonger ses regards dans la vallée pour en contempler la richesse et la beauté. Mais cette pensée dut être étrangère au choix de Savin. Ce qui lui rendait ce site préférable à tout autre, c'est qu'à une certaine distance, directement en face, au-dessus de la petite paroisse de Villelongue, entre deux rochers qui couvrent un vallon solitaire, il apercevait un ermitage qui avait été sanctifié longtemps auparavant par un jeune Espagnol, saint Orens, qui était venu de Huesca. Ce pieux jeune homme s'était enfoncé dans cette retraite, au commencement du ve siècle, pour y vivre en parfait solitaire, caché dans une grotte entourée de forêts.

Ce fut donc sur le plateau de Pouey-Aspé que Savin résolut de passer sa vie, en face des précieux et touchants souvenirs qui faisaient en quelque sorte revivre à ses yeux son ancien compatriote. Il se mit d'abord à l'œuvre pour construire la cellule qui lui était indispensable ; mais ce ne fut guère qu'un abri, encore mal assuré, contre la férocité des bêtes des forêts voisines. La construction de cette modeste cabane, qui n'avait que sept ou huit pieds de longueur sur quatre ou cinq de largeur, et qui devait être plutôt une dure prison qu'une habitation ordinaire, ne dut pas coûter beaucoup de temps à notre saint. Ce qui lui donna le plus de peine, ce fut le transport des matériaux, à cause de la difficulté des sentiers qui étaient presque inaccessibles.

L'abbé Forminius, qui l'avait sans doute aidé dans ce travail, laissa notre ermite dans la solitude et rentra dans son monastère, ravi d'avoir dans le voisinage un homme d'une si grande sainteté. Souvent il allait le visiter pour s'édifier par l'exemple de ses vertus toutes célestes.

Savin, se trouvant encore trop bien logé dans son habitation, qui méritait pourtant le nom de misérable réduit plutôt que de cellule, inventa un raffinement de mortification. Il creusa une fosse, longue de sept pieds et profonde de cinq, où il s'ensevelissait tout vivant, prenant ainsi pour lit un véritable tombeau, dans lequel l'eau suintait de toutes parts, surtout aux temps pluvieux, comme nous l'apprend un beau passage de l'office du saint (1).

Forminius, étant revenu pour le visiter quelque temps après leur première séparation, demeura tout surpris de voir que Savin se fût creusé cette tombe sans en avoir auparavant manifesté le dessein, et il lui demanda le motif de cette exagération de pénitence : *Je suis seul à me connaître*, répondit l'ermite, *seul aussi je dois mesurer la peine à l'étendue de mes fautes. Chacun doit faire ce qu'il peut ; je fais ce que je dois, ut potes, fac quælibot. ego feci quod expedit.*

Là, comme autrefois Elie sur le mont Carmel, notre saint se livrait à la prière, à la contemplation et aux plus rudes pratiques d'une vie mortifiée. Il serait difficile d'exprimer jusqu'à quel point il porta l'esprit d'oraison et avec quel zèle il embrassa les plus rigoureuses austérités. Ses veilles étaient longues et ses jeûnes à peu près continuels. Son occupation la plus ordinaire était la contemplation. Revêtu d'une simple robe, qui dura miraculeusement l'espace de treize années, il marchait les pieds nus sur les pointes aiguës des rochers, même pendant la· saison la plus rigoureuse. Seul dans cette retraite sauvage et souvent glacée, où sa cellule, tremblant sous la violence continuelle des vents, le menaçait de l'exposer sans défense à la voracité des

(1) Grabatus in quo jacebat erat dimissa fovea ut non putares lectulum sed sepulcrum ; descendente impetu pluviali implebatur aquis fossa, et redundabat injuria..... (Off.)

bêtes féroces, qui abondaient dans les forêts voisines, il gardait son âme inaccessible à toute crainte humaine, entièrement absorbée dans l'amour de Dieu et toute brûlante du désir d'être unie pour toujours à son bien-aimé (1).

Il aurait pris plutôt du poison que de se rendre coupable de mensonge, dit la légende. Il regardait le jurement comme un sacrilége (2). Il n'était pas à l'abri des attaques du démon ; mais, aidé de la grâce de Dieu, il surmontait, par la prière et par la patience, les tentations qui venaient l'assiéger et le distraire de ses saintes contemplations.

<h2 style="text-align:center">V.</h2>

Son crédit tout puissant auprès de Dieu. — Sa charité sans bornes.

Quoique Savin ne s'occupât, à vrai dire, que des progrès spirituels de son âme, cependant, les besoins physiques se faisaient quelquefois vivement sentir ; et comme, pendant les fortes chaleurs de l'été, les eaux qui sortaient des fentes des rochers venaient à tarir autour de sa cellule, les ardeurs de la soif l'obligeaient à se porter un peu plus loin pour aller puiser l'eau qui lui était nécessaire. Il devait alors

(1) Sanctus Savinus per annos ferè tredecim cellà prædictà, sine pullo sine omni peculio, die noctuque in Deo laudibus permansit... Admiranda, viri constantia, unâ contentus tunicà, vili gunulà superjectà, sine calceamento, nudâ plantâ, cum saxa frigus scinderet, nuda viri caro perduraret ; et postponeret algorem de corpore, manens spiritus in fervore. (Off....)

(2) Veritati semper studens libenter adeò ut anteà hauriret venenum quam diceret mendacium, juramentum evitans quasi sacrilegium (Off. S. Savini).

passer par la prairie d'un certain Chromatius, qui habitait le petit village d'Uz, que l'on trouve à un kilomètre environ de l'ancien ermitage. Un jour que notre saint traversait cette prairie pour arriver à la source qui lui fournissait sa boisson, le propriétaire inhumain voulut au moins lui faire acheter cher ce faible soulagement. Il commanda à un homme de sa maison d'aller chasser, à l'instant, ce trop hardi solitaire, qui n'avait pas craint de s'introduire dans sa propriété. Cet ordre sauvage ne fut que trop bien exécuté. Le domestique, après avoir injurié le saint, s'oublia même jusqu'à le frapper brutalement. Mais Dieu, qui souffre quelquefois que les justes soient éprouvés par les méchants, veut aussi en certaines occasions, quand il le juge convenable dans sa sagesse, prendre en main la défense de l'innocent opprimé ; et alors, il laisse tomber sur le crime tout le poids de sa malédiction, afin de nous faire comprendre que sa toute-puissante justice amène toujours, tôt ou tard, la glorification de la vertu et le triomphe de l'innocence.

Un châtiment providentiel s'appesantit soudain sur ces deux êtres méchants qui avaient offensé Dieu même dans un de ses plus chers serviteurs, et vint leur prouver qu'on n'insulte pas toujours impunément à la vertu.

Celui qui avait frappé le saint fut à l'instant possédé du démon, tandis que le maître perdit, sur le moment même, l'usage de ses yeux. Savin, dont la charité était immense, fut désolé de voir qu'il était la cause, quoique bien innocente, de ce double malheur. Il tomba aussitôt à genoux et supplia le Seigneur de vouloir rendre le bien pour le mal à ce malheureux qui venait de le traiter si indignement. Ses prières désarmèrent la vengeance divine : le valet fut à l'heure même délivré du démon qui le possédait, et il ne put s'empêcher de reconnaître qu'il devait sa délivrance à Savin lui-même, qu'il venait d'outrager et de battre si cruellement. Mais le maître, Chromatius, qui avait commandé l'outrage, resta longtemps encore aveugle, jusqu'à ce qu'il fût, comme on le verra plus loin, guéri à son tour par les mérites du saint qu'il avait voulu écarter de ses terres d'une manière si brutale. Par suite de toutes ces circonstances, Savin se décida à ne plus aller puiser de l'eau à cette fontaine.

Comme un second Moïse, mettant toute sa confiance en Dieu (telle est la tradition du pays), il frappa le rocher de son bourdon, et aussitôt il en jaillit un filet d'eau vive, qui coule encore, mais assez faiblement : on dirait que cette source a voulu suivre la décroissance de la naïve simplicité, de la foi pure et de la ferveur évangélique de nos premiers chrétiens.

A côté de cette fontaine miraculeuse se trouve, taillée dans le roc, une petite niche à laquelle on arrive au moyen de deux ou trois marches en pierre. Quelle devait être autrefois la destination de cette niche? Saint Savin y avait, sans doute, placé une statue de la mère de Dieu. Qui pourrait dire le nombre de fois qu'il se rendait auprès de cet oratoire écarté, afin d'y déposer, aux pieds de la reine des cieux, l'hommage des saints épanchements d'amour et de douce confiance que son cœur ressentait pour celle que toutes les nations appellent bienheureuse?

Savin, qui n'ignorait pas qu'on ne saurait véritablement aimer Dieu sans aimer le prochain, avait une tendre charité pour tous les hommes. Il les portait tous pour ainsi dire dans son cœur. Il aurait volontiers sacrifié sa vie pour les assister, surtout spirituellement. Ne pouvant plus partager ses richesses, puisqu'il s'était dépouillé de tout, il ouvrait

du moins sa cellule comme son cœur à tous les malheureux
qui venaient le visiter pour trouver auprès de lui quelque consolation. Il travaillait, par ses exhortations, à dé-
truire dans leurs âmes le règne du péché, afin d'y établir
celui de la justice. L'ingratitude, les mauvais traitements
même, nous venons de le voir, ne rebutaient jamais son
inépuisable charité. Il regardait les hommes comme des
malades plus dignes de compassion que de colère. Il les re-
commandait à Dieu dans le silence de la retraite, et solli-
citait sans cesse sa miséricorde en leur faveur. Jamais,
aucun de ceux qui venaient le voir ne le quittait sans avoir
obtenu, par son intercession, ou la santé du corps, ou
quelque grâce encore plus précieuse pour son âme.

VI

**Principaux miracles qu'il a opérés de son vivant. — Ta-
bleaux curieux qui les rappellent.**

Il serait bien difficile de rapporter ici tous les miracles
opérés par cet illustre saint. On lit dans son office, composé par les religieux qui résidaient au monastère voisin
de sa cellule, qu'il avait fait un grand nombre de miracles
par lettres (1). Cet office a été réimprimé, il y a quelques
années, grâce au zèle éminemment chrétien de M. de
Lagrèze, qui l'a mis à la fin de sa belle *Monographie de
saint Savin de Lavedan.*

La tradition, qui a toujours aimé à perpétuer en ce pays
le souvenir des prodiges opérés par notre saint ermite, se
trouve consignée dans deux tableaux à compartiments,

______

(1) Quantos energumenos curaverit relatione difficile est explicare
quia sæpius per epistolam dira dæmonia effugavit. (Off. S. Savini.)

peints sur bois et admirés à juste titre par les connais_
seurs. On y voit les principaux traits de la vie de saint
Savin. Nous croyons ne pouvoir mieux faire que de les
suivre en expliquant à nos lecteurs les miracles dont nous
n'avons pas encore parlé.

Un prêtre, qui allait remplir quelque fonction de son
ministère, dut traverser le Gave de Cauterets en un point
voisin de Pierrefitte. Dans le trajet, en ce moment fort
dangereux, le cheval fut renversé, et le prêtre lui-même
tomba dans le torrent. Il était menacé d'être bientôt en-
glouti, sinon broyé entre les rochers qu'entraînait la force
des eaux, qui, devenues furieuses à cause de la fonte des
neiges, roulaient avec fracas des blocs énormes détachés
des montagnes voisines. Dans un danger si pressant, le prêtre eut néanmoins assez de calme encore pour penser à
mettre toute sa confiance en Dieu et pour se recommander aux prières du solitaire de Pouey-Aspé. Savin voyait
peut-être, il pouvait du moins apercevoir de sa cellule, la
lutte désespérée et les angoisses de ce malheureux. Tout
à coup, le prêtre se trouve comme poussé vers le rivage,
qu'il regagne sain et sauf. Il voit avec étonnement, sur ce
même bord, son cheval sauvé miraculeusement comme lui-
même.

Convaincu qu'il ne devait son salut qu'aux prières de
saint Savin, et plein de reconnaissance pour ce signalé
bienfait, il entreprit immédiatement l'ascension de l'ermitage pour aller remercier son sauveur.

Une pauvre mère, habitant la vallée même, et qui s'appelait Gaudentia, était dans la désolation en voyant que
son sein tari refusait la nourriture nécessaire à son petit
enfant, qu'elle voulait pourtant allaiter elle-même. Après

avoir inutilement épuisé tous les moyens auxquels elle put naturellement recourir, elle tourna ses regards uniquement vers Dieu ; mais reconnaissant son indignité, elle résolut d'aller implorer la protection de saint Savin. Elle prit donc son enfant entre ses bras, et, pleine de confiance, elle entreprit, accompagnée de son mari, le pèlerinage de Pouey-Aspé. Là, les larmes aux yeux, et présentant à Savin l'innocente et chétive créature, elle le supplie de vouloir sauver l'objet de toute sa douleur et de sa tendresse. Le saint, touché de compassion, se met en prières comme un second Elysée, et aussitôt Dieu rend à la mère ce que la nature lui avait si longtemps refusé. Dès ce moment, Gaudentia voit son sein lui donner en abondance le lait qui doit nourrir son enfant. L'enfant est sauvé, et sa mère l'allaitera elle-même (1).

Cette pauvre et tendre mère ne se doutait pas alors que sa foi vive devait immortaliser son nom dans nos montagnes. Il vivra toujours parmi nous avec la gloire du saint.

Savin était tellement enflammé de l'amour de Dieu qu'un soir, pour dissiper les ténèbres de sa cellule, il n'eut qu'à approcher de sa poitrine un petit morceau de cierge qu'il tenait à la main ; la flamme s'y communiqua aussitôt, et, par un double miracle, ce flambeau éclaira toute la nuit sans se consumer (2).

Mais n'est-ce pas aussi par miracle que notre saint a pu

(1) Et fluxit ex oratione sancti confessoris quod non manabat ex ubere matris. (Off. S. Savini.)

(2) Cum ex more solito nocte vigilaret divinâ gratiâ inebriatus, cum lumen non posset alicubi inveniri de lumine pectoris lucem oculis ministravit..... Modicus cereus noctis ordinem usque ad diem se ardente transegit. (Off. S. Savini.)

vivre treize ans, dans son âpre solitude de Pouey-Aspé, les pieds nus, souvent plongés dans la neige, foulant sans chaussure un sol rocailleux et tout couvert de glace, conservant toujours le même habit, exposé à toutes les intempéries des saisons les plus rigoureuses ?

VII

Sa dernière maladie et sa mort. — Ses funérailles. — Autres miracles.

Le saint ermite, sentant un jour que le terme de son pèlerinage en cette vallée de larmes était enfin venu (Dieu lui avait, sans doute, fait connaître le moment où tant de sacrifices et de vertus devaient recevoir leur couronne), envoya quelqu'un avertir Forminius de l'extrémité où il se trouvait. L'abbé du monastère était prié instamment de venir voir Savin dans la journée même pour l'assister dans ses derniers moments, et lui donner encore sa bénédiction.

L'abbé, retenu sans doute par des soins qui ne souffraient pas de retard, répondit au messager qu'il n'irait voir le saint solitaire que le lendemain. D'ailleurs, deux de ses religieux, Sylvien et Flavien, assistaient depuis quelques jours l'ermite malade dans sa cellule, et on le croyait en bonne convalescence.

Saint Savin dépêcha un second messager à Forminius, avec prière de le venir visiter dans la journée, ajoutant qu'il aurait, le lendemain, une occupation plus pressante. Le saint voulait par là faire allusion à sa mort. Cependant, Forminius crut pouvoir attendre ; mais il se trompa (1).

(1) Ante sui beati obitus diem petiit abbatem Forminium ut ei occurrere mereretur, qui dixit non posse tunc id fieri quibusdam negotiis monasterii impeditus. Beatus Savinus tunc respondit : *si vult hodiè veniat nam cras major eum occupatio circumdabit.* (Off.)

Pendant les treize années qu'il avait passées dans la solitude, le saint n'avait eu qu'un but : celui d'édifier et de sanctifier la vallée du Lavedan ; ses vœux, ses prières, ses macérations tendirent constamment vers cette unique fin. Aussi, avant de mourir, il voulut lui-même se choisir un successeur qui devait avoir pour héritage la continuation de cette œuvre de charité qui était celle de son cœur (1).

Heureux temps, où le saint qui allait mourir pouvait laisser, comme un riche héritage, vivement ambitionné, une pauvre cellule, quelques instruments de pénitence et l'exemple d'une vie entière de mortification et de renoncement à soi-même !

Après avoir disposé du peu qu'il avait et donné ses derniers conseils aux moines qui l'assistaient, saint Savin ne songea plus qu'à se préparer au bonheur suprême de recevoir, pour la dernière fois, le pain des anges qui devait lui servir de viatique. Puis, les mains tendues vers le ciel, les yeux fixés sur l'image de son sauveur, il s'endormit du sommeil de la paix en rendant sa belle âme à son créateur.

Le glas funèbre des cloches du monastère et de l'église paroissiale de St-Jean annonça aux habitants de la vallée que Savin n'était plus. Ce ne fut, dans tout le Lavedan, qu'un cri général de douleur et de regrets : l'ami et le bienfaiteur du pays, le consolateur des affligés, un saint ermite, venait d'être ravi à la terre, qu'il avait édifiée par tant de vertus et de pénitence !

Dès que Forminius eut acquis la triste certitude de la mort de Savin, il donna ses ordres pour faire transporter dans le monastère les restes mortels de ce grand serviteur

(1) Evocatis abbatibus concordantibus ante diem sui obitus sibi suâ ordinatione dedicat successorem. (Off.)

de Dieu, qu'il regardait déjà comme un trésor de reliques bien précieuses ; et, pendant quon se mettait en mesure de lui obéir, il se prépara lui-même, ainsi que tous ses religieux, pour aller recevoir ces saintes dépouilles, à l'entrée du village, avec toute la pompe et tous les honneurs de l'Eglise.

C'était, sans doute, leur ami, la providence de la vallée qu'ils perdaient ; mais, en retour, il avaient dans le ciel un puissant protecteur, qui ne les oublierait jamais. Cette sainte mort, loin d'être donc pour le monastère et pour la contrée un vrai sujet de deuil, était, à le bien prendre, un motif de réjouissance, puisqu'ils savaient bien que Dieu venait de mettre un terme aux austérités de toute espèce et aux souffrances de Savin, afin de le faire jouir désormais des délices éternelles du paradis. Aussi, peut-on dire que ce fut avec les accents d'une sainte et véritable allégresse et au milieu des hymnes d'actions de grâces qu'ils célébrèrent le triomphe du saint et remercièrent ardemment le seigneur de la gloire dont il couronnait son élu (1). Ils lui donnèrent la sépulture dans le monastère même du Palais-Emilien, où les populations accoururent en foule de toutes parts pour accompagner à leur dernière demeure et contempler une fois encore les dépouilles mortelles du saint ermite.

Le cours des exploits des plus grands héros se termine avec leur vie ; mais le cours des actions mémorables des saints s'étend encore au-delà du tombeau ; et Dieu se plaît souvent à les glorifier après leur mort, même aux yeux du monde. Il veut ainsi les recommander à la vénération des

(1) Gaude mater ecclesia,
  Et tota lavetania ;
  Nam hodiè ad cœlestia
  Savinus transit gloriâ. (Off.)

hommes par le don des prodiges, qu'il leur accorde comme
un témoignage irrécusable de leur gloire et de leur puissance dans le ciel. Saint Savin a joui de ce glorieux privilége.

Un miracle authentique, qui se fit avant même que son
corps eût été déposé dans la tombe, atteste ce que nous
avançons, et prouve une fois de plus qu'on ne met pas en
vain sa confiance dans la protection des saints que Dieu
vient de ravir à la terre.

Ce cruel voisin qui avait si indignement fait outrager
notre ermite, et que nous avons laissé sous le coup de la
vengeance divine qui le frappa subitement de cécité, Chromatius reconnut enfin sa faute ; et, plein de repentir autant que de confiance, il s'était fait conduire au lieu même
où devait passer le corps du saint en traversant le village
d'Uz. Quand le moment est venu, on avertit Chromatius ;
il s'approche en tremblant du cercueil ; il le touche avec
confiance, en priant le saint de vouloir lui pardonner sa
brutalité d'autrefois, et aussitôt ses yeux se rouvrent miraculeusement à la lumière. Tout le cortége poussait des cris
d'admiration et de joie.

L'office du saint consacre la verité de ce fait, et le tableau placé par les soins des moines dans la basilique en
éternise la mémoire.

Plus tard, le précieux corps de saint Savin fut solennellement déposé au fond de la grande abside de l'église qui
a remplacé le Palais Émilien (1). C'est cette belle église du
style roman que l'on voit encore aujourd'hui, et qui a

(1) Sepultus est in valle lavetanicà, in loco qui dicitur *Æmilianum
palatium*. (Off.)

mérité d'être classée parmi les monuments historiques de l'Etat (1).

Les habitants du lieu, pleins de reconnaissance et de vénération pour la mémoire du saint anachorète, ôtèrent à leur commune le nom de Villabencer pour lui donner celui de Saint-Savin, qui lui est resté depuis.

On conserve aussi, comme des reliques, une calotte et un peigne qui, d'après une pieuse et respectable tradition, avaient appartenu à Savin. On garde encore dans l'église une châsse en cuivre argenté, qui renferme quelques ossements de l'illustre solitaire. On l'expose, en certains jours de fête, à la vénération des fidèles, et on la porte processionnellement, dans l'intérieur de la paroisse, le dimanche qui tombe dans l'octave de la fête du saint. La fête se célèbre le 11 octobre.

M. de Lagrèze rapporte ce qui suit, sur la foi d'un historien contemporain : « En 1678, la rivière du Gave « accrut de telle sorte qu'elle menaçait de perdre toute la « vallée du Lavedan; mais à peine eut-on apporté les « sacrées reliques jusques sur les bords d'icelle, que ses « eaux commencèrent à se retirer, à vue d'œil, dans leur « lit ordinaire. »

VIII

Hommages rendus à la mémoire de saint Savin.

Dans différentes histoires de la Bigorre, il est fait mention d'une charte de Raymond Ier, comte de Bigorre, en

(1) Le fameux tremblement de terre qui se fit si généralement sentir dans le mois de juillet 1854, avait gravement endommagé cet édifice qui fait l'admiration des nombreux étrangers qui viennent des établis-

date de 945, qui donne une haute idée de la pieuse munificence de ce comte. Six cent vingt-sept ans après, les donations qu'il avait faites en faveur du monastère de St-Savin furent confirmées par un acte public de Henri IV. Nous avons été assez heureux pour trouver une copie de ces deux pièces, certifiée conforme à l'original par deux notaires. Nous allons les rapporter textuellement.

Raymond Ier, après avoir rendu un hommage public à la mémoire du pieux solitaire de Pouey-Aspé, qu'il regardait comme le *digne successeur des apôtres,* comme un *docteur distingué qui avait été envoyé dans le Lavedan pour l'instruire, dont la vie fut si sainte, la doctrine si admirable, et les miracles si éclatants,* continue ainsi :
« Ce n'est pas une chose secrète, et il n'est presque per
« sonne dans la Gascogne qui ne sache très certainement,
« que moi, Raymond, comte de Bigorre, désirant satisfaire
« pour mes péchés, ayant tout lieu de craindre la colère
« du Tout-Puissant et la perte de ma portion de la joie du
« Paradis, dans la vue de racheter mon âme et celles de
« mes pères, j'ai doté de mon patrimoine et autres biens
« le lieu où l'on sait, de science certaine, que repose le
« corps de saint Savin ; et je n'ai rien omis, Dieu aidant,
« pour y perpétuer tant le monastère que les moines y
« vivant dans la bonne règle, sous la conduite de leur
« abbé. C'est pourquoi, entre les autres biens dont j'ai
« eu soin de les gratifier, je fais cession et donation de la
« vallée de *Cauterès* au d. monastère et aux religieux

sements thermaux pour le visiter. La paroisse et les beaux-arts auraient infailliblement perdu avant longtemps un monument remarquable, sans la restauration sérieuse qui se poursuit avec activité et intelligence, grâce à la haute et bienveillante sollicitude d'un personnage haut placé, qui a déjà fait tant de bien au département des Hautes-Pyrénées.

« qui y feront leurs offices ; à la charge par eux d'y faire
« construire une église convenable, à la gloire de Dieu et
« à l'honneur de saint Martin, et d'y entretenir des habita-
« tions suffisantes, pour faciliter l'usage des bains. A ces
« conditions, la d. vallée restera en la libre et paisible
« possession de l'abbé et des moines de Saint-Savin, sans
« qu'aucun de nous ou de nos successeurs, puisse s'y arro-
« ger aucun droit ni préférence, pas même la faculté de
« faire conduire dans ses pâturages nos bêtes, de quelle es-
« pèce qu'elles puissent être, sans l'agrément de l'abbé de
« Saint-Savin.

« Nous leurs cédons en outre les droits suivants : que si
« quelqu'un prend à la chasse, dans la vallée, un sanglier
« ou un cerf, il sera tenu d'en apporter, par manière
« d'hommage, une épaule au monastère de Saint-Savin ; ce
« qui sera observé dans toute l'étendue du territoire de
« Saint-Savin, d'un pont à l'autre ; plus, que toute la vente
« de beurre que nous percevions de la faculté des pacages
« dans l'été, sera, par l'abandon que nous en faisons, em-
« ployée pour le luminaire de saint Savin.

« Nous statuons enfin, tant pour l'amour du Dieu Tout-
« Puissant que pour notre salut et le salut de nos succes-
« seurs, que si le Roi venait à nous gratifier ou à nous ré-
« compenser de quelque pension sur les revenus du monas-
« tère, nous ne pourrons en profiter, ni nous, ni nos re-
« présentants sur les dits lieux ; mais que nous en ferons un
« présent, par forme de restitution, à saint Savin sur son
« autel.

« Nous ajoutons la présente charte en confirmation de
« celle que nos ancêtres et nos auteurs avaient remise ès
« mains de Bernard, abbé de Saint-Savin ; régnant en

« France le roi Louis ; et le roi Garcie en Aragon ; l'an
« depuis l'incarnation du Sauveur neuf cent quarante-cinq.

« Henry, par la grâce de Dieu roi de Navarre seigneur
« souverain du Béarn et du Donnezan, duc de Vendômois,
« de Beaumont, d'Albret, comte de Foix, d'Armagnac, Ro-
« dez, Bigorre, Périgord, etc., à tous présents et à venir,
« salut, savoir faisons que nous, désirant favorablement
« traiter nos chers et bien-aimés les abbés et religieux du
« monastère de Saint-Savin, en notre comté de Bigorre,
« et inclinant libéralement à la supplication et requête
« qui par eux nous a été faite, nous leur avons continué
« et confirmé, continuons et confirmons les dons, conces-
« sions et octroyes, grâces, faveurs, libéralités, priviléges,
« franchises, libertés, immunités et exemptions, à eux
« faits et octroyés par nos prédécesseurs comtes de
« Bigorre, et spécialement le don à eux fait et octroyé
« par notre prédécesseur, comte de Bigorre de louable
« mémoire, le feu comte Raymond, l'an neuf cent qua-
« rante-cinq, de la vallée de Cauterès, située en notre d.
« comté pour la dotation et fondation de la d. abbaye,
« entretènement du service divin, nourriture et aliments
« des abbés et religieux du d. monastère, ainsi qu'est con-
« tenu et à plein mentionné par l'extrait du d. don et
« octroyes y attachés, sous notre d. contre-scel, pour par
« les suppléants et tous successeurs, abbés et religieux du
« d. monastère en jouir et en user pleinement, paisible-
« ment et perpétuellement, et tout ainsi qu'eux et leurs
« prédécesseurs en ont ci-devant dûment et justement joui
« et usé, et en jouissent et usent encore de présent. Si
« donnons en mandement à notre d. amé et féal le séné-
« chal en notre comté de Bigorre, ou son lieutenant et
« à tous nos autres justiciers et officiers et chacun d'eux,

« si comme à lui appartiendra, que de nos présentes con-
« tinuations et confirmations et contenu ci-dessus ils fas-
« sent, souffrent et laissent, les d. supp^{ts} et leurs suc-
« cesseurs jouir et user pleinement, paisiblement et per-
« pétuellement sans leur faire, mettre ou donner, ni
« souffrir, être fait, mis ou donné aucun trouble, ni
« empêchement ; au contraire avis, si aucun leur avait
« été, ou était fait, mis ou donné, portent et mettent in-
« continent et sans délai au premier état dû ; car tel est
« notre désir : et, afin que ce soit chose ferme et stable
« à toujours, nous avons signé ces présentes de notre main
« et fait sceller de notre sceau, sauf en autres choses notre
« d. droit, et l'autrui en toutes. Donné à Paris, le dix-
« huitième jour de décembre l'an mil cinq cent soixante-
« douze. Henry. Par le roy de Navarre comte de Bigorre,
« de Mazelières. Ainsi signés à l'original des d. lettres
« desquelles le présent extrait a été tiré et icelui dûment
« vidimé et collationné mot à mot à son dit original par
« nous Jean Cometo et Thomas Laborde, notaires royals
« du lieu de St-Savin. A nous, le d. original exhibé et
« retiré par le révérend père dom Pierre Bertrand, religieux
« et syndic de l'abbaye et monastère du d. Saint-Savin, au-
« quel extrait n'a été rien omis, ajouté, ni diminué. En
« foi de quoi, nous nous sommes soussignés avec le Reve-
« rend père syndic ayant le d. original trouvé dans les
« archives de l'abbaye et monastère de Saint-Savin. Fait
« au d. Saint-Savin, ce quatorze mars mil six cent septante.
« F. Pierre Bertrand, Cometo, Laborde, notaires royals
« signés..... » (1)

(1) On peut voir dans la bibliothèque publique de la ville de Tarbes,
le Glanage, en vingt-deux volumes, ouvrage inédit, très précieux; on
y trouve plusieurs chartes, soit des comtes de Bigorre, soit des rois de
France en faveur des moines de St-Savin. On y trouve également une

IX

Pèlerinages à son tombeau. — Visite de ses reliques.

Le bruit des miracles opérés sur le tombeau de saint Savin, qui servit longtemps d'autel, conformément aux coutumes des premiers siècles, attira de tous les alentours une foule de pèlerins, qui venaient implorer l'appui d'un si puissant protecteur pour obtenir de Dieu quelque grâce particulière.

Et même aujourd'hui, après tant de révolutions et de bouleversements, malgré l'indifférence du siècle en matière de religion, combien de femmes chrétiennes viennent encore s'agenouiller auprès du tombeau du saint, pour demander la conversion d'un époux qui passe sa vie sans pratiques religieuses, la conservation d'un enfant chéri qu'une maladie dévore, ou qui se trouve, loin de sa famille, exposé aux fureurs des tempêtes, aux périls des combats !

Que de pieuses larmes ont coulé près de ce tombeau ! Que d'étrangers viennent, tous les ans, des établissements thermaux, pour demander, par l'intercession de saint Savin, quelque grâce particulière pour eux-mêmes ou pour ceux qui leur sont chers ! Avec quel respect ne font-ils pas toucher leurs chapelets ou quelque médaille à la châsse du saint !

Nous avons entendu plusieurs de ces pieux pèlerins répéter bien souvent avec cette conviction profonde que donne la foi..... qu'ils avaient plus de confiance, pour la guérison de leurs maux, dans la protection de saint Savin

bulle très remarquable du pape Alexandre III, dans le XIIe siècle, portant confirmation des biens du monastère.

que dans la vertu naturelle des eaux dont on leur avait prescrit l'usage.

On vient aussi quelquefois de fort loin pour demander que le Saint-Sacrifice soit célébré dans notre église, où reposent les saintes reliques, avec la ferme espérance d'obtenir plus sûrement ainsi une faveur toute spéciale que l'on désire. Tantôt c'est la naissance d'un fils ou l'heureuse délivrance d'une épouse qui est sur le point de devenir mère ; tantôt c'est la grâce de connaître sa propre vocation, sur laquelle on n'a que des obscurités ou des doutes ; tontôt c'est la guérison d'une personne dangereusement malade, que l'on voudrait à tout prix conserver encore.

Comme saint Savin avait commencé sa carrière religieuse à Poitiers, dans le monastère de Ligugé où il avait suivi son cousin pour y faire ses vœux et y consommer son généreux renoncement aux plus belles espérances qui l'attendaient dans le monde, Mgr Pie, le jeune et savant évêque de Poitiers, voulant donner une marque publique et éclatante de sa vénération pour les reliques de notre bienheureux solitaire, est venu, en 1851, faire un pèlerinage à son tombeau. Il a célébré les saints mystères dans notre église, pour mettre sous la protection de ce grand saint son diocèse et surtout les nombreuses communautés des filles de la Croix, qui sont confiées à son administration si sage et si paternelle.

Les bonnes filles de la Croix du couvent d'Argelés se transportèrent à St-Savin, avec toutes leurs élèves, pour répondre à l'invitation flatteuse que leur avait adressée le vénérable pèlerin. Elles s'estimèrent bien heureuses de pouvoir représenter, dans cette occasion solennelle, toutes les autres maisons de leur ordre ; et ce prélat, que l'on peut ap-

peler à bien des titres une des gloires de l'épiscopat fran-
çais, ne se sentit pas moins heureux de voir avec quel empressement on se rendait à son appel, avec quelle foi, avec
quelle ferveur on secondait sa dévotion. Mais il fut surtout infiniment satisfait lorsque M. Flurin, qui était alors
curé de la paroisse, lui offrit quelques reliques du saint,
que le pieux évêque accepta avec la plus vive reconnaissance.

M. Duquesnay, ancien doyen du chapitre de Ste-Gene-
viève, aujourd'hui curé de la paroisse de St-Laurent, à
Paris, ne vient jamais dans nos Pyrénées sans faire un pèlerinage au tombeau de saint Savin. Le 11 juillet dernier,
ce pieux et savant prêtre est venu s'agenouiller devant les
reliques du saint, en présence d'une suite nombreuse et dis-
tinguée qui, à son exemple, a baisé avec un religieux respect la châsse de saint Savin. Il a voulu, sans doute, mettre spécialement sous la protection de l'ancien solitaire du
Lavedan le fruit des sermons de charité qu'il a prêchés avec
tant d'éloquence et de succès dans les principales églises de
nos lieux thermaux ; il espère ainsi venir en aide à Mgr l'é-
vêque de Tarbes, pour la construction du magnifique hos-
pice de Barèges, qui attire déjà l'admiration des étrangers,
et qui dira aux générations futures tout ce que peut un
pieux pontife, animé de zèle et de charité, plein de confiance en Dieu !

Les bornes étroites que nous nous sommes prescrites pour
ce modeste opuscule ne nous permettent pas de rapporter
ici tous les pèlerinages qui se font presque chaque jour au
tombeau de saint Savin, ni de mentionner tous les hom-
mages qui sont rendus à ses reliques par de nobles pèlerins,
aussi fervents dans la foi que distingués dans le monde.
Mais pourrions-nous passer sous silence la visite si tou-

chante de l'illustre et éloquent évêque de Montpellier, Mgr Thibault, qui s'est montré si charitable envers les pauvres de nos contrées pendant son séjour à Cauterets, où son départ a laissé de précieux et touchants souvenirs?... O vous qui prenez peut-être en pitié l'hommage que nous rendons aux reliques des saints! que n'étiez-vous là, le 17 juillet, lorsque ce prince de l'Eglise s'est mis à genoux, tout simplement, dans la poussière, devant le tombeau de saint Savin! Lorsque nous avons eu l'honneur d'offrir à Sa Grandeur quelques parcelles des ossements de notre saint, vous auriez été infailliblement touchés, comme nous, de sa pieuse vénération pour les débris des restes mortels d'un pauvre ermite! vous auriez admiré le respectueux et saint empressement avec lequel ce vertueux et bon prélat a reçu ces reliques vénérées! non, vous n'auriez pas su vous défendre d'une douce et salutaire émotion en voyant l'effusion de cœur avec laquelle un évêque si recommandable daignait nous exprimer sa grande satisfaction de posséder un trésor si précieux!

X

Ouverture et visite solennelle du tombeau de saint Savin.

Dix siècles après la mort de saint Savin, Mgr Laurence, qui gouverne ce diocèse de Tarbes avec le zèle des premiers apôtres, vient se prosterner devant son tombeau et ordonne de l'ouvrir en présence d'un nombreux clergé, des membres de la fabrique, de M. Daressy, maire de la commune, de MM. Mila de Cabarieu, sous-préfet d'Argelés, Lassalle, juge de paix, de Bordeu, docteur en médecine, etc., et de presque tous les habitants de la vallée, pour s'assurer si les reliques du saint avaient été respectées par le vandalisme révolutionnaire de 93. Sa Grandeur a eu le bonheur de constater, après un religieux examen, que le tombeau était resté dans l'état décrit en 1634 par F. Gérard, visiteur de la congrégation de St-Maur pour la province d'Aquitaine, comme il conste par la lecture du procès-verbal de visite que nous allons rapporter textuellement ici :

BERTRAND-SÉVÈRE LAURENCE, évêque de Tarbes, par la miséricorde de Dieu et la grâce du Saint-Siége apostolique.

L'an mil huit cent cinquante et le onzième jour de mai, nous, Bertrand-Sévère Laurence, évêque de Tarbes, en cours de visite pastorale dans la paroisse et commune de St-Savin, au canton d'Argelés, diocèse de Tarbes, département des Hautes-Pyrénées, avons procédé à la visite de l'antique et belle église de cette paroisse, assisté de M. l'abbé Pecondon, vicaire général, de M. Flurin, curé-desservant de St-Savin, des membres de la fabrique, de MM. Forgues, curé et doyen de Lourdes, Lacroix, curé et doyen de Luz, Domec, curé et doyen d'Aucun (M. le curé doyen d'Argelés absent pour cause d'infirmité), et d'autres personnes laïques et ecclésiastiques comme il sera dit plus bas.

Au fond du chœur de cette église se trouve un mausolée qu'on appelle le tombeau de saint Savin. La tradition porte qu'il avait été ouvert, il y a environ deux cents ans ; qu'on en avait extrait la majeure partie des reliques du Saint, et que le reste avait été conservé dans deux vases ronds en poterie, qui devaient se trouver dans ledit tombeau.

Quelque temps avant notre arrivée à St-Savin, nous avions manifesté à M. Flurin, curé, le désir d'ouvrir ce tombeau et de nous voir entouré pendant cette opération de MM. les laïques notables du canton et de MM. les ecclésiastiques des paroisses environnantes.

Le jour précité, à quatre heures du soir, nous avons procédé à l'ouverture du tombeau, en présence des personnes nommées ci-dessus et de MM. Mila de Cabarieu, sous-préfet d'Argelés, Daressy, notaire, maire de St-Savin, Charles de Bordeu, docteur médecin, Bourdet, pharmacien, Lassalle, juge de paix, résidant à Argelés ; des ecclésiastiques soussignés et d'une foule de fidèles présents à la cérémonie.

Après avoir enlevé le mausolée en sculpture, et levé vers le milieu de l'autel deux ou trois dalles formant une maçonnerie compacte, nous avons trouvé un vide en carré long, présentant au fond deux vases ronds en poterie, recouverts chacun d'un morceau de planche de sapin pourrie et presque réduite en pâte.

A côté des deux vases se trouvaient trois ardoises portant en caractères lisibles ce qui suit :

Ardoise n° 1. — L'an 1656 l'autel fut reculé dans lequel furent trouvées les présentes reliques, le 26 septembre 1656. — Ardoise n° 2. — Ce sont les cendres du bienheureux saint Savin ; les ossements duquel sont en la sacristie et ses boy. sont dans le sépulcre. — Ardoise n° 3. — Le septembre 1656 les reliques ont été mis.

Les deux vases ont présenté l'aspect suivant : autour des deux vases et près des orifices nous avons aperçu, ainsi que dans les vases, les restes décomposés d'un linge blanc et d'une étoffe riche de velours rouge. C'étaient visiblement le linge et l'étoffe qui recouvraient les deux vases. L'intérieur est presque rempli d'une matière terreuse, de petits ossements et de débris d'ossements. M. le docteur de Bordeu, présent à l'opération, a fourni la déclaration suivante : « Je « soussigné, docteur en médecine, certifie avoir, dans deux « vases en poterie, trouvé des fragments de l'os pariétal et « aussi un os propre du nez, que je crois appartenir au côté « droit. En foi de ce, je certifie la présente attestation. « St-Savin, le 11 mai 1850. Signé Charles de Bordeu, « docteur en médecine. »

Pour l'intelligence de l'ardoise n° 2, il faut savoir que, le 3 novembre 1634, Fr. Gerardus-Dezalus, visiteur de la congrégation de St-Maur pour la province d'Aquitaine, déclare à St-Savin que la majeure partie des reliques de saint Savin sont déposées dans un reliquaire de cuivre argenté, reliquaire qui est en ce moment en la possession de l'église. Cette déclaration du visiteur, écrite sur parchemin et conservée dans le reliquaire, explique aussi pourquoi on ne trouve dans les deux vases en poterie que de petits os et des fragments d'ossements dont parle ci-dessus M. le docteur de Bordeu.

L'évêque de Tarbes soussigné affirme avoir ouvert et visité aujourd'hui ce reliquaire, et l'avoir trouvé dans l'état décrit en 1634.

Après l'ouverture du tombeau, nous avons placé les deux vases sur le tombeau ouvert et nous avons permis aux nombreux fidèles qui assistaient à la cérémonie, de défiler, un à un, devant les reliques pour les vénérer, les hommes d'abord, puis les femmes. Les deux vases ont ensuite été placés sur le grand autel ; un *Te Deum* d'actions de grâces a été chanté, et nous avons placé sous clé, en présence des témoins ci-dessus mentionnés, les deux vases à la sacristie ; le lendemain 12 mai, jour de dimanche, la confirmation a eu lieu dans l'église de St-Savin, pour la jeunesse de la paroisse de ce nom, et de celles de Nestalas et d'Arcizans-Avant. Les deux vases de poterie ont été exposés sur le grand autel pendant la grand'messe et les vêpres, et portés en procession solennelle autour de la place de Saint-Savin. A cette procession assistaient la paroisse entière, les nombreux fidèles venus à l'occasion de la confirmation, et une foule considérable d'étrangers venus pour la procession des reliques récemment trouvées.

Nous avons extrait des deux vases en poterie une petite quantité de reliques, placées dans un grand reliquaire de métal, et serrées dans un petit pot de fayence, couvert en étoffes de damas rouge. Ensuite, les deux vases en poterie avec ce qu'ils contenaient, enveloppés d'un linge blanc, ont été placés dans un grand pot de fer à couvercle. (M. le sous-préfet d'Argelés en a fait présent à l'église de Saint-Savin.) Ont été déposés dans le même pot de fer fondu : les trois ardoises décrites ci-dessus, plus deux autres ardoises de forme ronde, servant de couvercle aux deux vases en poterie, dont l'une présente, à la date du 12 mai 1850, une inscription rappelant l'ouverture du tombeau de saint Savin, à la date précitée par l'évêque de Tarbes, soussigné.

Le couvercle est fixé à l'aide d'un solide cordon de lin et de deux bandelettes de damas rouge ; nous y avons apposé, sur quatre endroits différents, notre sceau en cire rouge, après avoir préalablement déposé dans l'intérieur du pot en fer un exemplaire du présent procès-verbal fait en triple. Un autre exemplaire est déposé dans le tombeau de saint Savin, à côté du pot de fer, et un troisième dans le reliquaire en cuivre argenté, et avons signé.

† Bertrand-Sévère, évêque de Tarbes ; Pécondon, vicaire général ; Domec, curé d'Aucun, doyen et chanoine honoraire ; Carrère, desservant de Marsous ; Battoue, desservant d'Arcizans-Avant ; Gascou, desservant de Bun ; Cénac,

desservant de Villelongue ; Lapeyrade, desservant de Gez ;
Périssère, desservant d'Ayzac ; Bruzau, curé de Chèze ;
Capdegelle, vicaire à Arrens ; Campet, vicaire à Argelés ,
Lacroix, curé de Luz ; Forgue, curé, chanoine honoraire ;
Fontan, desservant de Cauterets ; Flurin, desservant ; Lar-
ramiau, prêtre-desservant d'Arrens ; Cazajoux, prêtre, desservant de Pierrefitte ; Lauré-Cassou, Bégarie, Galan, Ba-
zillac, Charles de Bordeu, docteur en médecine ; Daressy,
notaire et maire ; C. Bourdet, pharmacien ; Mila de Cabarieu, sous-préfet d'Argelés ; Lassalle, signés à l'original, et
le sceau de l'évêché de Tarbes.

EXPLICATION DES DEUX TABLEAUX
QUI REPRÉSENTENT LA VIE DE SAINT SAVIN.

On peut voir, dans le sanctuaire de la basilique, à droite
et à gauche du maître-autel, les deux grands tableaux peints
sur bois, dont nous avons déjà parlé. Ces tableaux sont
divisés en dix-huit compartiments, ayant chacun une hau-
teur de cent dix centimètres sur quatre-vingt-quinze de
largeur, où la peinture a représenté la vie de saint Savin,
afin de la mettre à la portée des personnes qui peuvent ne
pas savoir lire, et de continuer ainsi à perpétuer les tra-
ditions dans la vallée.

De véritables connaisseurs et des artistes renommés ont
assuré que ces tableaux, qui semblent dater de la fin du
moyen-âge ou du commencement de la Renaissance, méri-
tent la plus grande attention. On y admire surtout le bon
goût du dessin, la beauté et la fraîcheur de la peinture, le
détail des personnages et la variété des costumes d'une
époque très reculée. Au-dessous de chaque compartiment

se trouve une légende en caractères très anciens qui explique le sujet.

Parmi les nombreux étrangers qui viennent des établissements thermaux, pour jouir du magnifique point de vue qui se trouve à la terrasse de la chapelle de Piétat, et pour visiter notre basilique romane, il s'en trouve quelquefois qui sont embarrassés, soit pour comprendre le sens de ces légendes, écrites dans l'idiome qui devait exister à cette époque dans le pays, soit pour suivre l'ordre naturel des faits encadrés dans les compartiments. Nous croyons être utile et faire plaisir, en rapportant ici textuellement ces légendes avec leur traduction littérale, et en indiquant la marche à suivre dans l'examen de ces tableaux.

Il faut d'abord se placer en face du tableau du Nord et commencer par le bas en suivant tous les compartiments de la première bande, de gauche à droite. On y lit les trois légendes suivantes :

1° *Aïsy sus S. Savi p. tis de la maïso et la may demora dolorosa.*

(Ici dessus saint Savin part de la maison et la mère demeure désolée.)

2° *Cum S. Sevi fe reverentia au cōte de Poeytiès son oncle.*

(Comment saint Savin fait sa révérence au comte de Poitiers, son oncle.)

3° *Cum S. Savi instruex lo filh deu cōte en santitat.*

(Comment saint Savin instruit le fils du comte dans la sainteté.)

———

Puis on quitte ce tableau pour se placer devant celui du Midi. On commence encore par la première bande du fond où l'on trouve :

1° *Cum S. Sevi et lo filh deu côte recebon lors abits à Poeytiès.*

(Comment saint Savin et le fils du comte reçurent leurs habits à Poitiers.)

2° *Cum S. Sevi fe révérentia à l'abesque de Tarba.*

(Comment saint Savin fait sa révérence à l'évêque de Tarbes.)

3° *Cum S. Sevi fo recebut per lo abbat Fornimigs et sos religios.*

(Comment saint Savin fut reçu par l'abbé Forminius et ses religieux.)

———

Maintenant, il faut revenir au tableau du Nord et prendre la bande du milieu :

1° *Cum S. Sevi stant à Poey-Espé faze grandes asperitats.*

(Comment saint Savin, étant à Pouey-Aspé, fait de grandes austérités.)

2° *Cum S. Sevi feyta sa cella, Cromasio lo menassa.*

(Comment saint Savin, ayant fait sa cellule, Chromatius le menace.)

3° *Cum S. Sevi a pregarias deu puple expelliva los malings esprits.*

(Comment saint Savin, cédant aux prières du peuple, chassait les malins esprits.)

———

Il faut encore revenir au tableau du Midi ; on trouve à la seconde bande :

1° *Cum S. Sevi de diversas infirmitats las gens sanava.*

(Comment saint Savin guérissait les gens de diverses infirmités.)

2° *Cum lo capera tomba en la ribera, se reclama à S. Sevi.*

(Comment le prêtre tombé dans la rivière réclame la protection de saint Savin.)

3° *Cum lo capera monta remercia S. Sevi.*

(Comment le prêtre monte (à Pouey-Aspé) pour remercier saint Savin.)

On revient au tableau du Nord, où l'on trouve dans la bande supérieure :

1° *Cum per intercessio de S. Sevi ago abundantia de leit la molher Gaudentia.*

(Comment, par l'intercession de saint Savin, la femme Gaudentia eut abondance de lait.)

2° *Cum S. Sevi gary la endamonada.*

(Comment saint Savin guérit la possédée.)

3° *Cum S. Sevi trespassava.*

(Comment saint Savin trépassa.)

On se tourne, enfin, vers le tableau du Midi, et sur la bande supérieure on lit :

1° *Cum los religios devaravan mort à S. Sevi de Poey-Espé.*

(Comment les religieux descendirent saint Savin mort de Pouey-Aspé.)

2° *Cum lo abbat ab los religios, salhin a recebir lo cors de san Sevi.*

(Comment l'abbé et les religieux vont recevoir le corps de saint Savin.)

3° *Cum los empedits de diverses malauties fasen pregarias à S. Sevi.*

(Comment les gens atteints de diverses maladies adressaient leurs prières à saint Savin).

PRIÈRE A SAINT SAVIN (1).

O vous la gloire de l'Eglise, le père et le modèle admirable de nos ancêtres, bienheureux saint Savin, puissant protecteur, ange tutélaire de ces contrées qui furent le théâtre de vos sublimes vertus, vous apparteniez par votre naissance à un pays étranger qui vous promettait les honneurs les plus séduisants; mais l'ordre de la Providence et votre grand amour de la solitude vous conduisirent dans notre vallée. N'oubliez pas ce peuple fidèle qui conserve toujours un pieux et reconnaissant souvenir de la préférence que vous avez accordée au pays qu'il habite. Défendez-nous contre tout événement malheureux. Intercédez pour nous auprès de Dieu, afin que cette foi que vous nous avez léguée devienne chaque jour plus vive et plus ardente; que la paix et la charité règnent à jamais sur cette terre sanctifiée par vos prières et arrosée de vos larmes. Faites éclater encore parmi nous cette merveilleuse puissance que Dieu vous avait donnée sur les démons; protégez-nous contre ces cruels ennemis de nos âmes. Ecoutez toujours, ô grand saint, les vœux de tous ceux qui viennent se prosterner auprès de votre glorieux tombeau pour célébrer vos vertus et implorer votre protection si puissante.

(1) Cette prière est la paraphrase de l'antienne suivante de l'office du saint :

O decus ecclesiæ, nostrorum pater et dux egregie, sancte Savine, patriæ defensor, pariterque custos, gregem tibi commissum ad tua solemnia devote currentem ab omni clade benigne defende.

FIN.